Wernfried Hübschmann

Träume sind Türme schmelzenden Eises

Wernfried Hübschmann

Träume sind Türme schmelzenden Eises

Gedichte

mit Monotypien von Clemens Lang
herausgegeben
von Christian Fritsche

edition promenade

Wer lacht? Das lässt sich nicht sagen.
Ist es das Rauschen trockener Blätter?
Die Nacht entlässt dich mit hundert Fragen.
Vergessen: dein einziger Retter.

Vorwort

Der dritte und abschließende Gedichtband der Trilogie von Wernfried Hübschmann spielt mit dem Eindruck plötzlich aufscheinender und wieder verlöschender Bilder.

Nachdem im ersten Band *Nachrichten aus dem Inneren der Stimme* vor allem die Ohren als Empfänger für den Klang seiner Sprache und Stimme angesprochen waren, folgten in Band zwei *Dunkle Flecken auf blauem Grund* die Augen als Sinn- und Sinnesorgan.

Nun geht im vorliegenden Band der Weg auf besondere Weise nach innen, in die zahllosen Stufen und Zwischenstufen menschlichen Bewusstseins. Innenschau, Traumempfinden, aber auch traumversunkene Beobachtungen des Alltags sind Keimzelle schwebender Gedicht-Gebilde.

Die Texte sind ausnahmslos in den letzten beiden Jahren entstanden und lassen formale, inhaltliche und persönliche Freiheiten anklingen. Insgesamt lässt sich eine Tendenz zu größeren Bögen und narrativen Strukturen erkennen, die mit „traumwandlerischer" Sicherheit entfaltet werden.

In diesem finalen Band der Trilogie wird deutlich, wohin das existenzielle Wagnis der Dichtung führt und welche Gefährdungen es zu bestehen hat, zum Beispiel in der *Kantate für langen Atem* oder im Gedicht *Die Sprache des Hauses.*

Eine visuelle Umsetzung dieses Auslotens gelingt Clemens Lang mit feinen druckgrafischen Arbeiten, die für diesen Band entstanden sind. In der dafür gewählten Technik des Materialdrucks fand er die künstlerische Flexibilität, sowohl flächig zu arbeiten wie auf die immer neuen Eindrücke beim Lesen zu reagieren. So ist eine Reihe von Monotypien als eigenständiges Werk entstanden, ohne jede Illustration, jedoch ganz nach dem inneren Klang der Gedichte.

Christian Fritsche, im März 2016

Traumgebinde

Fontanelle

Weich und verletzlich, eine Art Delta,
ein Mündungsort für höhere Gewalt –
da ist etwas, das auch die Eltern
geschehen lassen müssen, dieser Spalt,

durch den der Weltraum einfließt
in neues Leben, wo die Schädelplatten
kontinental verschiebbar sind, biegsam,
ein Kreuzungspunkt für diese glatten,

noch leichten Knochen, ein Stempel,
der bleibt, eine Unterschrift, für Wochen
das Areal nach oben offen, eine Stern-
warte, und du siehst das Pochen

unter der Haut, bis sich die Kuppel
schließt ... die Geburt ist beendet,
die Reise geht vom Ich zum Du
und wieder hin- und hergewendet

und alles kommt vorbei an dieser Quelle
im Kopf, die pumpt und pulst: Fontanelle.

Gras

Unser Leben, umhüllt von Schlaf …
nach Prospero in Shakespeares Sturm

Gras, das dich trägt,
ein fliegender Teppich, Gras
wie Schlafkraut, noch spät
im Tau verwirrt und zerzaust,
Gras, das raucht –

Gras, das in alle Richtungen schaut,
kleine Blumen als Schlüssel
für grüne Türen, Gras,
das zwischen den Lippen schwingt
und zu singen beginnt.

Blühendes Gras, Halme
und Büschel im Wind, Schafgarbe,
Hahnenfuß und die Kuhblume,
Unkraut, das übergeht
in blauen Samt,

in traumlosen Schlaf,
gewendet wie eine Decke
aus sinkenden Wolken, Wurzel-
geflecht, das Pflanzen- und Tiernamen
rückwärts spricht

und nach oben wächst,
in den schwebenden Sarg.

Die Blitze

Sie ziehen das Land in den Bann,
sie fackeln die Ebene ab, sie senden
die Pfeile des Himmels, sie warten
nicht ab, sie wandern, sind

heilige Zeichen höherer Herkunft, aber
wer löst mir die Schrift
und die gekreuzten Befehle?
Wer führt diesen Stift?
Wer hält mir das Licht an die Kehle?

Sie sind die geöffneten Adern
der Nacht, abwärts wachsende Bäume,
geschleudert von Zeus
oder andern fernen Instanzen,

nur wenige treffen die Erde
und bestellen elektrische Felder –
Franklin schickte metallene Drachen,
die Instinkte des Himmels zu messen,
seine Narben und Wunden.

Wir durchwandern die Ebene selber.
Und zählen Sekunden.

für Benno Gessner

Oktave

Was hilft? Handauflegen, etwas Wärme,
der atmende Abend, die fliehende Stille –
es sind viele Himmel,

nicht wahr, der Fluss versteht alles,
dort ein grün schimmernder Brunnentrog,
und die Wasseroberfläche

wie ein Triller, wenn ein Lüftchen kommt,
das Dorf im Rücken, es wird kühler
auf den weißen Feldern,

ein Ahorn dreht sich weg, um ihn herum
die Fledermäuse, Kuriere der Dämmerung,
sie sind verlässlich,

besorgen deine heimlichen Geschäfte,
ihr Codewort ist ein unhörbarer Ton,
zwei Pferde wie versteinert,

nimm nicht denselben Weg,
den du gekommen bist, geh das Karree,
versuch zu schweben jetzt,

als ein Klavierspieler, der sich beruhigt
in der Coda, Wolken sind aufgemalt
wie schwarze Tasten.

Mäandertalk

parlez-moi des formes,
j'ai grand besoin d'inquiétude!
Sprecht mir von Formen,
ich brauche dringend Unruhe!
Paul Eluard

Der Mäandertaler besteht darauf,
die Gegensätze nicht zu löschen.
Er begreift Diversität als Einladung zum Widerspruch
und Widerspruch als Impuls evolutionärer Entwicklung.

Der Mäandertaler setzt sich ein, indem er sich aussetzt,
er will nicht geschont werden.
Er versteht Schonung als Missachtung
und widersetzt sich jeder Form von Beschönigung.

Der Mäandertaler braucht Unruhe, aber nicht,
weil Unruhe Selbstzweck wäre.
Doch er misstraut der gekauften Ruhe, mit der
das mediale porridge unsere Ohren verstopft.

Der Mäandertaler will ins Offene.
Er sucht das Weite, die Erweiterung, kurz: die Entgrenzung.
Er liebt natürliche Flussverläufe, Stauungen, Wehre
und Zäsuren im Flusslauf = Wendungen.

Der Mäandertaler preist die Fülle, er weiß,
dass Wunder ohne Wunden nicht zu haben sind.
Er fühlt romantisch, denkt analytisch
und handelt so, als gäbe es etwas Drittes.

Die Rückseite des Hügels

Dort muss eine andere Sonne sein
(nicht der Mond, jener traurige Clown!) –
ein Feuermacher, ein sanfter Prometheus,
ein Spezialist für aschgraues Licht.

So schimmert eine Nebelglocke,
wie Hellebarden stehn die Tannenspitzen
und bewachen die andere Welt,
den Ort, wo ich noch niemals war.

Geflüstertes Gleichnis

Wiederkehr der Gleichnisse,
nicht des Gleichen, das Auge steigt nicht
zweimal in denselben Fluss
der Bilder, das Ohr wechselt die Richt-

ung, weil die Schwerkraft der Begriffe
alles zu Boden zieht, ins Innere
des Körpers, wo die Schiffe
zu schwanken beginnen,

jemand oder etwas singt
mit halber Stimme *mezza voce*
über die Begehbarkeit der Dinge,
die Bewohnbarkeit der Dome.

Die Sprache des Hauses

Das Haus ist versunken ins Selbstgespräch,
beschäftigt mit seinen Fundamenten, aber
es schläft immer wieder ein, die Mauern
sind müde, dann atmen die Balken ein und

aus, du kannst es hören, und Luftpferdchen
sind als Kuriere unterwegs von oben nach
unten, der Dachfirst hebt und senkt sich
ganz sanft wie der Brustkorb des Kindes.

Wer hat das Haus geschrieben, und wann?
Welche Türen wurden gedacht und verworfen?
Was wurde gesagt über die Jahre, Jahrzehnte?
Welche Dialekte haben sich abgelagert?

Die Sprache des Hauses zu entziffern,
ist schwer, denn es ist auch verschwiegen
und ahmt das Knirschen der Schritte nach,
um dich ganz zu verwirren, und der Geruch

fauler Äpfel verzaubert deine Gewohnheit.
Es ist eine Höhle, ein Dachsbau, ein blinder Fleck
mit fließenden Rändern, morschem Gedächtnis,
die Fenster dehnen sich vor Sehnsucht, und,

wenn es nur könnte, das sprechende Haus,
es würde wandern, durch meinen Garten
und dann die Straße entlang, ins Gebirge,
mit frierenden Gauben, und dann – wohin?

Kantate für langen Atem

Am Anfang denke ich an das Ende.
Ich werfe die Angel des Denkens hinaus
in den bläulichen See, wo der Schwimmer
auf den Wellen tanzt, eine Narrenkappe,
und das Ende wird sein wie eine Rückkehr
zum Anfang, an den sich niemand erinnert.

Ich habe meine Hände ausgestreckt, aber
die Stadt zerfällt in Häuserecken und Rauch,
unverständliche Echos rufen nach mir und
Sirenengesang, unübersetzbar in die Sprache
des Hierseins, und die Zeit verwandelt sich
in alle Formen von Raum, die wir kennen.

Je weiter ich laufe, desto dichter der Nebel,
das Atmen fällt schwer, die Bäume schwarz,
es bleibt unklar, was zu tun sei oder zu lassen.
Ist es die Freude oder unzähmbare Trauer?
Ich dreh mich im Kreis wie ein junger Hund;
hilfreich sind allein die Unterscheidungen.

Jeder Tag beginnt mit einer neuen Epoche:
das Jahr der Amsel, das Jahr der wilden Tiere,
das Jahr der Liebe, die Jahre des Verzichts –
Fußgängerzonen gleiten wie fraktale Areale,
Höflichkeit ereignet sich nur an den Rändern,
genügend Stoff für die kommende Generation.

Ich trenne vom Weizen die Spreu, übe die
Stenographie und mein ptolemäisches Weltbild,
ziehe den Schal fester heran und atme tief aus ...
und summe, bis ein Gedanke am Haken zuckt,
stumm. Am Ende denke ich an den Anfang
und darüber hinaus, in eine weiße Stille.

Traumkabinett

Was sind unsere Taten
als ein mit herber Angst durchaus vermischter Traum.
Andreas Gryphius

Träume, die uns besetzen wie Feindesland.
Träume, die sprachlos sind auch am Rand.
Träume, geschrieben mit einer Hand.
Träume, die wiederkommen am Tage.

Träume, schwer wie Verrat an den Bäumen.
Träume, geboren aus anderen Träumen.
Träume voll Angst, irgendwas zu versäumen.
Träume wie eine längst gestorbene Frage.

Träume, Versammlungsorte für Leises.
Träume, frei von den Lasten eines Beweises.
Träume sind Türme schmelzenden Eises.
Träume sind alles, was ich nicht sage.

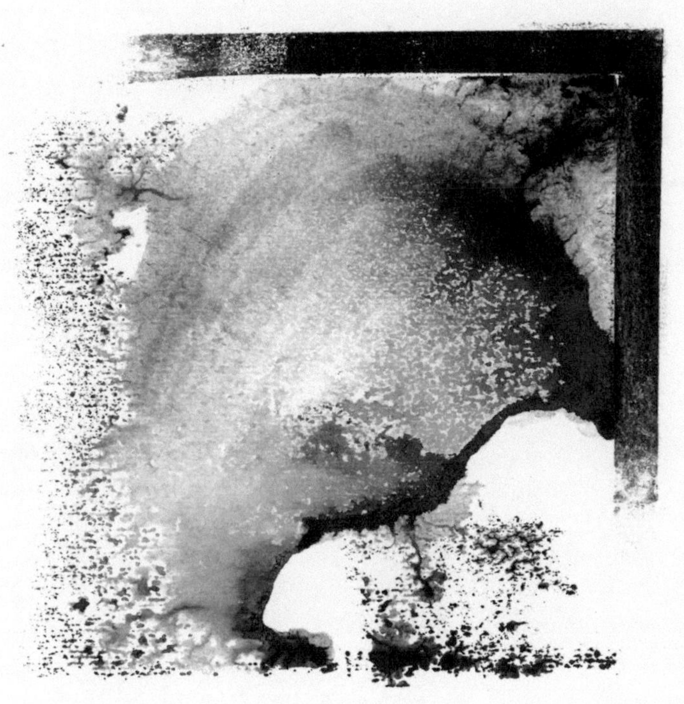

Zwischenreiche

Versuch über die rechte Hand

... die das Blau durchstreift
und die Wolken kartographiert,
die schreibt und schweigt,
die den Stein umfasst
und weiterträgt.

Sie ist vertraut mit Hammer und Speer
und dem Alphabet der Finger,
die sie winters im Fuchsbau
des Handschuhs versteckt.

Einer streckt sie dir entgegen,
ein anderer droht mit ihr,
jemand erhebt sie flehend zum Himmel,
einer winkt noch zum Abschied,
bevor er sich wegdreht.

Sie trommelt den Takt,
sie vergisst nicht das Zittern
und nicht die Zärtlichkeit, alles
ist abgelegt im Archiv der Berührung,
im Körpergewissen.

Würdest du sie erkennen?
Die blauen Adern, die Linien,
die Flecken und rissigen Stellen?
Blau ist die Farbe der Trauer.

Sie ruht schweigsam und blass,
ein gekrümmtes Ahornblatt,
drunter ein Luftgewölb,
eine Höhle
in der verlorenen Form.

Nachtschicht

Die Hand schläft ein, das Echo
jenes Befehls wird schwächer,
das Auge schließt das Außen
ins Dunkel ein, das Ich vertraut
dem Nichts,

steigt in den Schacht,
der schon geflutet ist und gleitet tiefer
ins Bergwerk, in die Binnenkälte,
vorbei an schräg gestelltem Schiefer,
Schicht um Schicht,

die Bilder lösen sich,
entwickelt ohne Licht, in dieser Enge –
Schlaf ist ein Spieler,
der sein Gesicht nicht zeigt,
ein müder Engel,

ein Erbe der Erinnerung
an alles, was andre abgelegt
im Inneren der Erde, in der Lunge,
die jetzt, von oben angezogen,
sich sanft bewegt

und in Entlegenes verzweigt,
noch unbewusst, ein Muskel zuckt
und rudert kühle Luft herbei,
das Schattenfries ist aufgehoben,
und lautlos,

vor dem ersten Ton,
schwimmt etwas Licht nach oben.

Nocturne

Manche Bäume reden dem Wind
nach dem Mund, andere stehen wie raben-

schwarze Gestalten, festgezurrt im Frost,
und wenn Eisregen niedergeht,

bricht das Bild zusammen
unter der Last des Wassers.

Und ich träume,
den Kopf auf die Trommel gebettet.

Tinnitus

Für diese Tonspur gibt es keinen Knopf,
kein Rädchen, das über die Klinge springt,
s'ist nur eine Probebohrung im Kopf,
von der nichts Genaues nach außen dringt

oder ein geologisches Experiment
in der Hoffnung, zwischen Amboss und Hammer,
wie man Feuer mit Feuer löscht, wenn es brennt,
etwas zu finden für's irdische Jammer-

tal, ein Ur-Geräusch, mit dem sie uns belohnen
für Lust und Qual, eine Luftresonanz
auf den Flügelhelm, den wir bewohnen,
Schlaflosigkeit und Buchstabentanz.

Müdigkeit

... auf deiner Haut wie eine graue Flechte,
ein süßes Gift in jedem Atemzug,
die Augen fallen zu, dann das gerechte
Ermatten wie das Bersten, das den Krug

kurz vorm Brunnen ereilt. Er bricht, zerfällt
und weiß nichts mehr von Wasser oder Wein,
der Körper, das Gefäß für diese Welt,
verschwindet in sein somnambules Sein.

Gleich hinter dir schließt sich die Schleuse,
Schlaf ist ein Tauchgang ohne klares Ziel,
und dann am Wehr, gekämmt von einer Reuse,
hängt Treibgut fest, es ist nicht viel –

du streckst dich, Morpheus noch im Blut,
und bist so schwer, als hättst du nie geruht.

Das gehört auch zu dir, dass du minuten-
lang in die Landschaft starrst, ins Antlitz
der aufgerissenen Äcker, schwimmenden Wiesen.
Alleen sind eine Laune betrunkener Fürsten.

Wenn du dann aufwachst, von metallnen Frequenzen durchkreuzt, dann springt dein Blick
auf Anfang, du schüttelst dich und das Auge
teilt die Luft ein zwei ungleiche Teile.

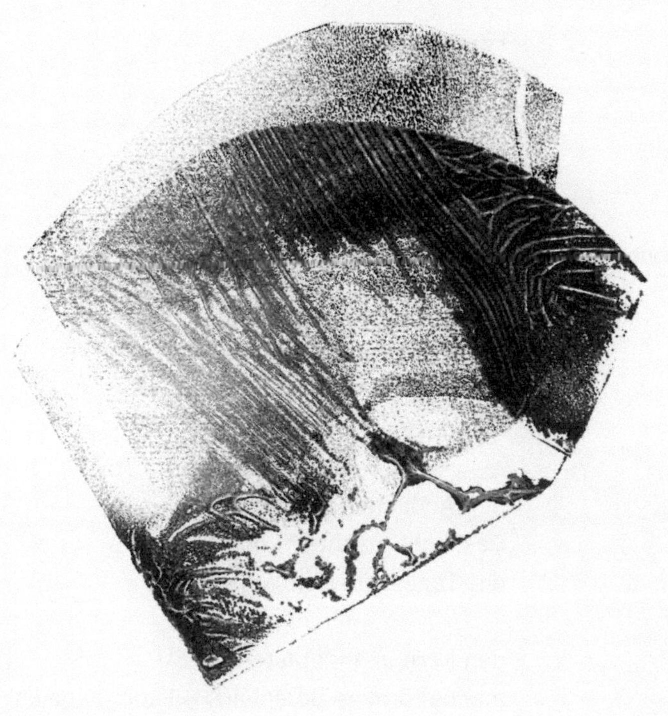

Fermate

Ein Februarsonntag, halbiert
wie ein Pfirsich, morgens
noch sonnig, vom Horizont
bricht der Rost und gefriert,

dann fallen Schatten herab,
Zeppeline löschen ihre Fracht: Schnee –
ein gepixeltes Sehen,
schwarze Gestalten tragen

ihre Andacht nach Hause.
Das Licht macht um den Rest
des Tages einen Bogen, lässt

den Kern unangetastet,
mandelförmige Botschaft, willkommene Last,
das Summen der Nacht ... Pause.

Steinschrift

So beginnt der Raum, nur mit Wörtern,
mit aufs weiße Papier gebrachten Zeichen.
Georges Perec, Träume von Räumen

Einen Turm bauen,
einen Turm aus Steinen.

Jeder Stein ist ein Wort,
ihm eingeschrieben (gemeißelt).

Jedes Wort trägt.
Ein wenig Sinn als Bindung.

So wächst der Turm.
Oben wohnen, weiterbauen.

Ohne Höhenangst,
ohne Höhlenangst.

Blende Null

Ich fotografiere
keine Sonnenuntergänge.
Vergeblich, verweht.

Selbst, wenn es gelänge,
ist das, worum es geht,
nicht auf dem Bild.

Lass mir die Sehnsucht,
lass sie ungestillt.

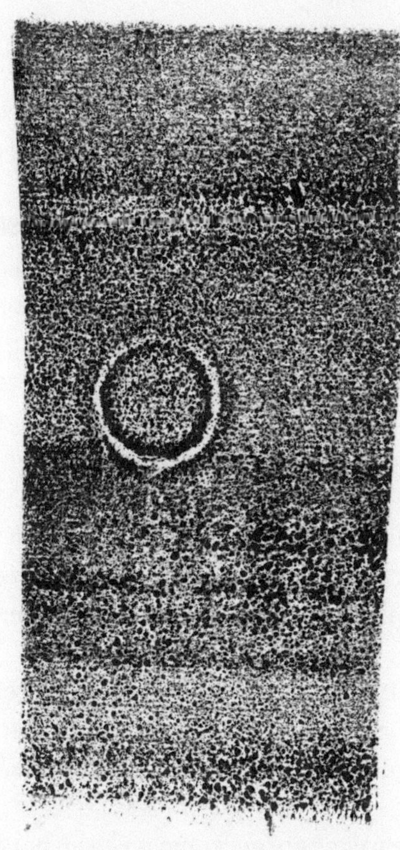

Am Atlantik

Die Stunden wachsen aus Wirklichkeitswind,
eine Furienlandschaft am Wasser, wo kein Stein
seinen Bruder erkennt, Windgewalt, Klanggestalt,

der Regen hat sich verzockt, keine der Seemöwen
will ihn erkennen, sie schießen über ihn hinweg,
rauschen höher dahin wie eine Schneeschrift,

die keine Schrift ist. Bergrücken, sturmzerkrault,
wenn du wartest, werden die Wipfel *Brighella*,
Verwandlungskünstler ohne festes Engagement,

Kunst- und Küstenwanderer zwischen den Wolken-
zelten, und die Luft fegt und krallt sich fest, beißt
und treibt Gischt vor sich her, alles Menschliche

ist ihr fremd; einer hat ins Narrenbrot gebissen,
einer berührte die hölzerne Schale, einer schnitt sich
ins eigene Fleisch und das Blut samtete, furchte:

mein einziger Ausguck, mein Felsen am Meer
(mit den steinernen Mulden für die Gelenke),
ich ruderte mit den Armen die Sonne zurück,

und der Abend setzte mich vor eine Schale mit Licht,
ich begriff, was zu tun sei und trank, und das Meer,
das so nachtbereit schien, vergaß seinen Namen.

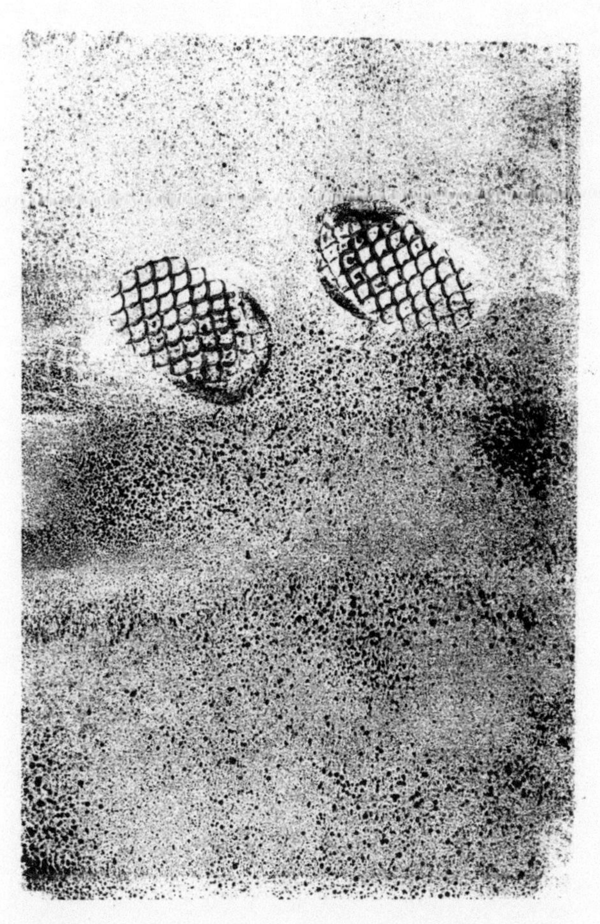

Halblicht

Niemandsengel

... vielleicht sollte ich träumen
unterm Niemandsengel dieses Halblichts.
Robinson Jeffers

Entfernungen schmelzen.
Einatmen ... Ausatmen, es ist dasselbe.
Die Zeit zieht sich zusammen
und dehnt sich wieder aus,
Gedanken gehn auf Wanderschaft
und kommen nicht nach Haus.

Auf Hügeln wachsen Zypressen
und dazwischen Mauern, Ruinen.
Die Engel machen Flugversuche
vor Abdankungsfeuern und Glut –
wenn du sie rufst, erschrecken sie.
Bei den Dolmen geht es dir gut.

Die Erde streckt ihre Hände aus,
Sträucher, Büsche und Bäume,
das höchste der Gefühle gilt den Bienen
sie leben in der Abschiedlosigkeit
und schweben auf blauen Schienen.

Jeder Strand hat einen Gefährten
auf der anderen Seite des Meeres.
Ich leb' in den weißen Räumen,
zwischen mich und das Nichts gebaut
und bleib in den Zwischenreichen,
meine Träume sind meine Haut.

Poesie

Das Geheimnis nistet an den Rändern,
in den Felsenhöhlen am Meer wie die Albatrosse,
in der Krone einer toten Pappel,
nah bei den Sümpfen.

Es lagert auf alten Regalen,
im Schuhkarton aus den achtziger Jahren,
unterm Tresen der kleinen Kneipe,
wo *Berliner Kindl* getrunken wird,
oder es steckt als vergessener Zettel
in diesem ausgebeulten Jackett.

Die Wörter sind geduldig,
manche verharren im Schneidersitz,
sie atmen, kaum hörbar, und warten,
dass wir sie finden
und ins Gegenlicht halten

wie diesen Pflaumenkern,
der die Zunge pelzig macht,
jetzt, da es zu regnen beginnt
und der Wind auf Nord-Ost dreht.

Farn

Mit seinen tausend Augen: Tau,
steht morgens still, ein Teppich
mit Tarnkappe, drunter verbergen sich
Figuren aus den Märchen,
einem Traum,

Tiere, alles *en miniature*,
und jeder Zweig, jeder Fächer
ist übrig aus einer anderen Natur,
aus fernen Erdzeitaltern, ist Wächter
für diesen Zwerg unterm Blätter-

dach, den Minotaurus auch.
Muster der Selbstähnlichkeit: fraktaler Farn,
im Wind ein schwingendes Labyrinth,
Warnung für Käfer, eben erwacht
auf den Wiesen.

Die Sonne rollt herauf und wechselt
die Augen aus nach langer Nacht –
ein Blick in diese scheue Welt:
dort eine Spinne im Garn,
ein Ariadne-Faden.

Und dann das Rascheln der Amsel.

Unterholz II

quasi una fantasia

Der Nebel, wenn er sich zwischen die Fichten senkt
und wieder steigt, als würde der Berg tausendfach brennen,
Schwelbrandherde über Maiberg und Buckel, von Niesel-
regen gelöscht. Wie soll ich, frage ich, dich ... empfangen, wenn du
kommst, wie ansprechen, anrufen, nennen?

Werden wir uns erkennen? Soll ich sitzen und warten,
den Kopf aufs Kinn gestützt, als würde ich *denken?*
Welcher Gedanke schösse hoch aus dem Unterholz?
Was könnte ich meinem letzten Augenblick schenken?
Ein Augenblitz, etwas, das eingeatmet wird von Gesang.

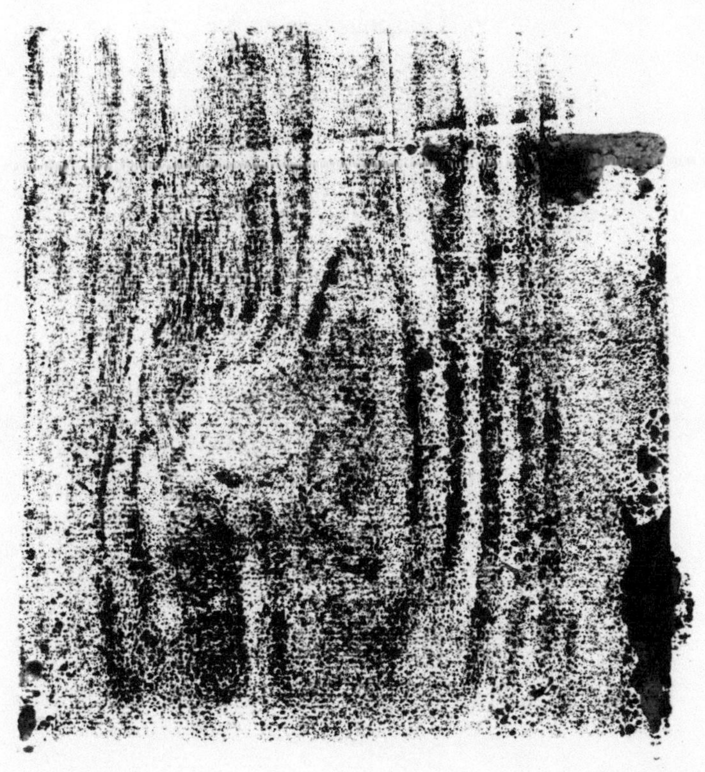

Aquarell

Was geschieht, wenn wir
den Bildern folgen, den Wegen,
die sich verlaufen?

Wer öffnet die weißen Fensterläden
und die Wiesen dahinter?

Die Akazien rüsten auf,
die Wasserzeichen verzweigen sich
in der Abendluft.

Das Unerwartete übernachtet im Heu,
morgen früh wird die Farbe

getrocknet sein.

Nicht-Farbe: **Weiß**

Schneeweiß: Das verzweifelte Nicht-Ich und ewig
das Gedankengestöber um Präsenz und Identität –
Schnee ist der blinde Fleck am Rande der Welt,
ein ausgeflocktes Spektrum undenkbarer Farben,
aber wirklich wie die wiederkehrende Blendung
des Riesen. Fliehendes Licht, Stille, die mich hält;
am Ende jedes Kampfes weht die weiße Flagge.
Ach, ich sehe diesen Tag vor lauter Augen nicht.
Die Sonne ist eine Holschuld ... Wenn der Winter
heranwächst, springt Neuschnee ins offene Fenster,
am Wegrand liegt verschüttetes Mehl. Wie soll ich
einen Rückweg finden, wenn die Sprache schmilzt?

Alles-Farbe: **Schwarz**

Einfahren in den Schacht der Geschichte, Berg-
Werk des diachronen Bewusstseins, denn wirklich:
Der Stollen ist das Ich, und die Schürf-Pflichten
sind exakt hinterlegt wie die Liebe zum Maulwurf.
Auf allen Frequenzen, in allen Sentenzen: Schwarz –
Winterweizen auf Schwarzerde, doch es ist zuviel
Gerede, zuwenig Gerode ... wo sprießt Sprache?
Wo ist noch Raum für Elfenbeinschwarz? Trauma:
Geschichte als schwarzes Loch, Staub in ewiger Teufe.
Traum von gedämpftem Licht ... Ich werde mich zum
Sprechgesang bekennen; ohne die schwarze Kugel,
die nachts heranrollt, wäre all das Licht Nichts.

Aus Dunkelkammern ausgebrochne Negative.
Schwarz folgt auf Weiß, ein Schrittmuster für Wunder.
Das Echo hielts im Säurebad nicht aus und floh,
den farbenflüchtgen Bildern wird es kalt und heiß
und sie verstecken sich im Grauen, tauchen ab.
Das Auge des Zyklopen wird ihr Grab.

Ins Rechteck erhobene Landschaft: Altersflecken,
ein Schiffswrack, Regenfelder, alles, was es war –
(verfluchter Zufall, der sich selbst erschafft!).
Konkretes ist nur eine List, in Wirklichkeit sind
Dunkelheit und Helle wie Geschwister, Zwillings-
reich. Und wer ein Bild sieht, tötet es zugleich.

Versus

Am Ende von vorne beginnen, das Feld
einrollen, die Ernte rückgängig machen,
die Phasen des Schwebens über der Welt

in Zeiten jener entfremdeten Sachen,
im Morgennebel dann ackern, die Frühe
der Schöpfung, verdunstende Nacht,

das Führen des Zugtiers, ich aber glühe,
das Pflügen macht glücklich, die Wende,
das Offene lohnt jede Arbeit und Mühe.

Ich kenne nicht Anfang noch Ende.

Mein Gedicht ist kein Messer

Mein Gedicht ist (vermutlich) kein Messer.
Es wäre gern Brot, das geschnitten wird,
bitter und hart und auf Klarheit geeicht
wie ein Zollstock.

Mein Gedicht ist ein Grashalm im Wind,
ist Strandhafer, Phlox, eine giftige Blume und
eine Goldwaage, auf die ich das lege,
was zählt,

mein Gedicht ist auch Fallschirm,
ist leichtes Gepäck, ein fliegender Teppich,
beschriebene Blätter, auf denen man
wundersam landet.

Mein Gedicht ist ein Tübinger Stocherkahn,
eine bedenklich schwankende Barke
in trübem Gewässer, nahe beim Turm, der
friedlichen Fackel.

Mein Gedicht ist das dritte Ohr, das Obertöne
der Wirklichkeit registriert, mein drittes Auge,
ein prismatischer Apparat aus alter Zeit,
schwer museal.

Meine Narrenkappe ist das Gedicht,
meine zweite Natur, die Fortsetzung
meiner Haut mit anderen Mitteln, nicht alle
stärken das Herz,

mein Ariadne-Faden, der wieder heraus-
führt aus jenem Labyrinth der Gefühle,
hinein ins tätige Leben, ein Wanderstab,
Kiefer, alpin.

Mein Gedicht ist mein innerer Kompass,
wo Norden ist, ist das Wort, und so komm' ich
durch fremde Ländern und Sprachen,
ohne zu reisen,

mein Gedicht ist Schall und ist Rauch,
zu einfachen Lauten ein indianisches Ritual,
mein Testament, denn mehr habe ich
nicht zu sagen.

Für Thomas Kling

Anmerkungen

7 Zitat Paul Éluard, aus *Hauptstadt der Schmerzen,* textura Verlag 1995 (Übersetzung: Gerd Henniger).

23 Zitat Georges Perec, aus: *Träume von Räumen,* diaphanes Verlag 2013 (Übersetzung: Eugen Helmlé).

24 *Brighella:* Figur aus der Commedia dell'arte, gehört wie Arlecchino zu den Dienerfiguren, ist aber schlauer als jener und manchmal intrigant und verschlagen.

26 Zitat Robinson Jeffers, aus dem Gedicht *Unterjochte Erde,* in: *Gedichte,* Haller Verlag 1984 (Übersetzung: Eva Hesse).

Inhalt

Traumgebinde

Zwischenreiche

Halblicht

Wernfried Hübschmann, geboren 1958 in Regensburg, ist Lyriker, Essayist, Sachbuchautor, Rezitator und Kommunikationsberater. Studium der Germanistik, Geschichte, Philosophie, Sprechwissenschaft und Sprecherziehung; zahlreiche Veröffentlichungen von Gedichten, Prosa und Essays in Zeitschriften, Zeitungen und Anthologien.

2013 erschien in der edition promenade der Gedichtband *Nachrichten aus dem Inneren der Stimme,* erhältlich auch als Hörbuch und 2014 der *Gedichtband Dunkle Flecken auf blauem Grund.*

Aktuelles: www.wernfried-huebschmann.de

Clemens Lang, geboren 1949 in Heidelberg, lebt als freischaffender Künstler im fränkischen Fürth. Ausstellungen im In- und Ausland. Malerei und künstlerische Druckgrafik (Lehrauftrag). Hat Auge, Herz und Hand um seiner Neugier und der Lust am Experiment Ausdruck zu verleihen.

Aktuelles: www.clemenslang.de

Hornschuchpromenade 17, D-90762 Fürth
www.edition-promenade.com
Umschlagfoto: Julia Carlotta Fritsche
Monotypien: Clemens Lang
Satz: Armin Stingl, Fürth
Printed in Germany, www.bod.de, Norderstedt
Erstausgabe
ISBN 978-3-944897-10-3

Band 1 der Trilogie:
Nachrichten aus dem Inneren der Stimme
(erhältlich auch als Hörbuch)
ISBN 978-3-944897-00-4

Band 2 der Trilogie:
Dunkle Flecken auf blauem Grund
ISBN 978-3-944897-06-6

Arbeiten von Clemens Lang:
Alle Arbeiten ohne Titel
Technik: Monotypien im Materialdruckverfahren

edition promenade

FSC
www.fsc.org